The Heichts o Macchu Picchu

Set owre frae Pablo Neruda's
'Alturas de Macchu Picchu'

John Law

Chapman Publishing
4 Broughton Place
Edinburgh EH1 3RX
Scotland, UK
Tel: 0131 557 2207

email: chapman-pub@blueyonder.co.uk
www.chapman-pub.co.uk

First published 2006

Chapman New Writing Series
Editor Joy Hendry

A catalogue record for this volume is
available from the British Library
978-1-903700-20-4

Cover Photograph courtesy of Edward Tweedly

Note: this poem appeared in Chapman 108, *with pages out of order and
one page missing due to printer's error. This version is definitive. Other
translations by John Law appear in* Chapman 107 *and a pdf file of the
text is available on the* Chapman *website.*

Printed by Footeprint,
Riverside Works, Edinburgh Road, Jedburgh,
Roxburghshire, TD8 6EA

Introduction

The dual-language paperback of Nathaniel Tarn's English translation of this poem *The Heights of Macchu Picchu*, (ISBN 0-224-007-58-0, Cape, 1966) was a present to my father T S Law from his RAF comrade in Africa, Cornelius Murphy, a Welshman who, standard RAF operating procedure insisted, must be called 'Paddy' by *force majeure* of his surname, just as my father acquired 'Jock' for his nickname, nationality defaulting in his case. Their lifelong friendship was founded in a shared passion for poetry, and they continued to exchange ideas, letters, phone calls and books anent it until Paddy died in 1994. Evidently, Pablo Neruda was a late topic between them, as both a volume of Alastair Reid's Neruda translations and Tarn's book, its spine cracked and pages loose, were by my father's reading chair in 1997 when he died. To Jock and Paddy, then, I dedicate this translation now that it takes pamphlet form.

The exoticism and power of Neruda's imagery carries well enough through Tarn's translation, but at the time the poem engaged me I was taken up editorially with contributions to *Lallans* magazine concerning Scots language register, an issue of key importance for translation, of course. Once I had begun to wonder how such and such a line might appropriately be rendered, I found myself captured in the work, my eye on the Spanish pages and my mind on the difficulties for the Scots language of the Latinity loosely pervasive in English, and of course omnipresent in a Spanish original.

In addition to Tarn, I was greatly helped by John Felstiner's *Translating Neruda, the Way to Macchu Picchu* (ISBN 0-804-713-27-8, Stanford, 1980) which not only deepened my understanding of the Spanish original invaluably, but is a wonderful essay in the subleties of adequate translation. Our eminent Edinburgh Chilean, Carlos Arredondo, was generous in taking time to give me much valuable insight into Neruda's background, themes and language, and performed the poem for me so that I could understand its music, and Neruda's own manner of declamation. Alastair Reid gave me encouragement in correspondence about the project, and my polyglot friend Kelso Russell saved me from formal errors still committed despite my other sources of instruction.

Lastly, I am grateful to Joy Hendry, whose initial publication of the poem in *Chapman* 108 was spoiled by a printer's error in pagination, and who has now generously re-issued it in this booklet form.

John Law, Blackford, December 2006

Biographical Note

John Law was born in 1951 and has pursued a varied career as teacher, computer engineer and SNP councillor, serving on the boards of a number of national cultural organisations at times. He is at present the editor of *Lallans* magazine, the literary journal of the Scots Language Society, and also the administrator of that Society.

He is the elder son and principal literary executor of the poet T S Law, and with co-editor Tom Hubbard is currently working on the publication of a major selection of his father's poems, *At the Pynt o the Pick and Other Poems*, due to appear in 2007.

John Law

John Law

The Heichts o Macchu Picchu

I

Frae air intil air, lik a tuim net,
I wis vaigin streets an souch,
comin in by, or thonner awa fareweel –
come hairst – til the hansel o siller
in the leafs – an atween ware an corn-heids –
til whit fulness luve, lik whit's intil a gluve
faain, fees til us lik a free-haundit muin.

(Days o lifesome brichtness in the steer
o boadies, steels transmutit,
hauden til thair wheesht in vitriol:
nichts pistelt til hinmaist flour:
duntit stamens o the mairriet airt.)

A bodie bydin for me amang the fiddles
trystit wi a warld lik a yirdit touer
dreelin its screw stair deeper nor aa
the leafs the colour o lode sulphur:
an laicher yit, in geologic gowd
lik sweird scabbardit in meteors
I doukit the haun, disorderly an douce,
fouterin wi the yirth's ain quim.

I boued the pow fornent profoond swaw,
plunkit lik smaa drap in sulphuric dwaam,
an, blinnd man me, gaed back the jasmine yett
til worn oot ware-time o humanity.

II

Gin flouer til flouer skies aa its seed
an the rock hauds hits flouer seminate
in buskin wrocht o diamant an saun,
man's aye ruggin the florish o the licht he wales
frae the weirdit wal-springs o the seas
an dreels the metal dirlin in his neives.
Suin, amang the claes an smeik, aa ower the spulyied brode
lik a shauchle o cairds, the sowl hunkers:

quartz an waukrifeness, tears grat in ocean
maks stanks o cuilth: but aye an on
fowk murders it, manks it wi blads an wi haterent,
smoors it in the hap o the daily-day, rives it
atour thae cleuk razzors cleidin the wire.

Nae wey: sen in corridors, luft, at sea, on hieweys
wha, lik the poppies incarnadine, gets roadit
wi nae knife ti hain his bluid? Angir haes skailt that
o the puir gear o the troker in fowk;
the whyle, at the heichts o the bolas tree preins
the dew hits claer caird a thousan year aareadies
til the samen trystin tweig. Och hert, och face,
grund fine intil cavernous howes o hairst.

Hou monie time in hibernal vennels o the muckle toun, or on
the bus, or a boat at gloamin, or i thon grossest laneheid
nicht o fèis or fair, droukit i the soond o bells an scaddas
fair in the vault o human pleisour
wis I waantin ti haud back an leuk
for the ayebydin threid sae ill ti finnd
I haed fummelt at the ainct in stane
or i the refulgence at a bosie gied us.

(As wi the wey wi grain lik tellin owre gowd
the smaa swalmin breists wisna ti coont
an thaim aye sae braw in first buskin
an at, aye peels, huils til ivory;
sae wi whaur the watters o hame rises for shuir,
dirlin frae faur-aff snaws til bluid-dibbelt waves.)

Me, I cuid juist aboot haud on til a clanjamphrie o faces an masks
cuissen doun lik boss rings o gowd
lik duds o hallierackit dochters o a rabid hairst
shakkin the mankit tree o the fleggit fowk.

Wisna steid whaur haun o mine micht rest
nor onie bit rinnin lik yokit watters
siccar as nugget o coal or crystal
warmin het or cauld til ma apen haun.

Whit like wis fowk? In whitna bit o thair dailygaun blethers
amang thair mercats an thair whustlins-oot –
in whitna metal o thair muvements
bade thair unbrekkable, daithless, gust o life?

III

Veive beins lik mealies fell incalculate skails
in the staved girnel o willsome actions, waefu haps
frae ane til seiven or eicht-fauld;
an no the ae daith kythed, but monie til ilkane,
a wee daith ilka day, stour, maggot, leerie
drouned in the dub o suburbs, a peerie daith wi creeshie weings
penetratit ilk man lik a cuttie pike
investin him wi breid or blade:
the drover, son o herbours, the daurk captain o pleuchs
the roddan, stravaiger o thrang vennels:
the haill o them enfaibelt, bydin on daith, belyve an daily-day
thair daurklin in dwyne o drow ilka day
a bleck tassie trimmlin in thair hauns as thay tuimed it.

IV

Michtiest daith invitit me monie time
he wis lik saut dernit in the swaw
an whit his unseen saur seedit
wis hauf-roads deeps, hauf-roads heichts
or huge constructs o wind an snaw-huird.

I cam til the airn rig, til the kyles o
atmosphere, til the mortclaith o ferm an stane
til the tuim starn slaps o hinmaist steps
an the heid-birlin turnpike pad:
yit, braid sea, o daith! No wave bi wave div ye win til us
but suddent-like wi a spunder o daurk certainty,
lik a wrocht-oot calculus o nicht.

Ye neiver cam rypin throu pooches, nor wadna
cry in athout ye war cleidit aa in rid,
haudin yer wheesht in a carpet o dawin,
in hie an yirdit heirskeps o tears.

I cuidna loe in ilka bodie's ain sel
thon tree boukit wi aa its bygane back-ens
(the daith o a thousan blads)
aa the fause daiths an resurrections
but grund, but depth:
I weished ti drouk masel in the fuhlest lives
in the braidest firths

an whan, bit bi bit, man cam barrin me oot
steikin his pads an duirs fornent me, I cuidna rax
wi ma streamin hauns his herriet inexistence;
I gaed syne street bi street, reiver bi reiver,
ceitie bi ceitie, bed efter bed,
atour deserts ma sautie visor steered,
an amang the endmaist howffs, wantin leerie, wantin fire
breid, stane, seilence, I vaigit ma lane
deein o ma ain daith.

V

It wisna yersel, dour daith, steel-pennit gled,
that the puir heritor in sicna hooses heftit
kirned in a tuim crap wi his gorbelt fuid –
but raither, a bit wrack o auld duin raip,
a souch o bravery that didna pruve,
or some wersh dew cuidna brak sweit.
It wis whit canna be born owre, a crottle
o peerie daith but paece or beild:
a bane, a bell, that wis deein intil him.
I liftit the iodine haps on ma hauns
an doukit them deep in wee pains wad smoored daith
an naething fand amang the lesion but cauld blasts o win
that jeeled the tuim slaps o ma sowl.

VI

Sclimmin bi the steps o the yirth syne
throu the jaggy stent o the jungil wids
ti meet yersel, Macchu Picchu.
Hie ceitie o steppit stanes
lang hame o whitna yirth
wis neiver seen in nichtgoun hiddlins.
As wi sib faimlies o the samen weird
you trystit whaur the crib o licht an man
dannelt in a win o jags.

Mither o stane, condor spunk.

Hie brig o man at his dawin.

Spad yirdit in the firsten saun.

This wis the beild, this is the steid:
here the sapsie maize mealies shot up
ti skail in season again lik rid hailstanes.

Cairdit here the vicuna's gilten threid
Luvers ti cleid, thair graves, thair mithers,
the keing, the prayin fowk, the sodgers.

An up by here the feet o men fand paece bi nicht
nearhaun the cleuks o aigles
in thair maet-stappit nests, an at the daw
thay sallied oot wi dunnerin feet amang the liftin haar
preein yirth an stane ti ken
thair wey again come nicht, come daith.

Mervellin on cleidin an hauns,
the touk o watter in the cistern's soondin howe,
the waa leam-smuithed bi the bosie o a face
that wi ma ain een saw the lichts o yirth ablo
eylin wi ma ain hauns the timmers gane nou,
for at aathing: cleidin, ledder, pats, palaver,
wine an breid is wede awa, caaed til yirth.

In cam the souch syne wi its fingirs
lik the flouers o lemons dawtin the sleepin fowk:
a thousan year o souch, months an weeks o it,
a blae win aff airn rigs o bens
cam in aboot wi dentie typhoon feet
ti sloonge the lanesome closes o the stane.

VII

You indwallin deid o ae abyss, scaddas o ae ravine,
profoondest, as ti pynt bi compass
the maik o yer magnitude
I see hou it breardit, thon back end o daith
frae ootmined rocks
frae capitals o crammasie
frae aqueducts in spate
ye tummelt heidlang at the hairst
til thon singil yirdin.
Nae mair the day the tuim air murns
nor kens yer feet, glaurie wi cley,

9

myndsna in whitten pats ye syndit the luft
the time gullies o lichtnin ryved its harigals
an etten bi haar the michty
tree wis felled bi the blast.

It hained a haun that raxit suddent
frae croun til ruit o time.
Ye'r perished aa an haill: ettercap fingirs, frail
threids, raivelt claith – aathing ye war
caaed doun: hants an hyne-awa utterance,
the glentin masks o licht.

An yit bydes on amang stane an word
the ceitie uphauden lik a tassie
in aa thae hauns: veive, deid, quaet, nouriced
hained wi daith sae nummerless, a waa,
sae lifesome frae the dunt o flinten flouers:
the ayebydin rose, oor hame,
this brig on Andes, in steids o glaciers.

The day the haun the colour o cley
wis haill intil cley transmute, an peerie eelids steikit
on a vista o reuch waas, thrang wi broch an dun,
whan bodies aa fell sprachlin in a howk –
whitna banner o ingyne bydes here brave
in the heich airt o the human daw,
the tapmaist touer o seilence iver yirdit us,
leivin on in stane, efter whit monie lifes.

Come on up wi me, ma American luve.

Bosie thir secret stanes wi me.
The Urubamba's spate o siller
gars the pollen flie til its gowden tassie.
The tuim vine flees aa place,
the stanie plant, the steive florish
owre the seilent cleuch in the bens.
Come, peerie life, atween the weings
o the yirth, gin – crystal an cauld, a duntit air
divvies a clatter o emerants:
oh, willyart watters, doun aff the snaws ye cam.

Luve, luve, hyne aa the suddent nicht
awa frae the Andes' dirlin flintstane
til the rid knees o dawin
think on the blinnd bairn o the snaws.

Oh Wilkamayu o the bullerin strings
whan ye brek yer bands o thunner
intil white speindrift, lik woundit snaw
whan yer stey blast
sings an skelps oot fit ti rouse the luft
whitna like leid lappers, nippin at oor lugs
ryvit shortsyne frae yer Andean faem?

Wha glaumed at the lichtnin o the cauld,
an forlat it here, chainyied til the heichts,
divvied up amang its glacier greetin,
sheuk neive amang its swack sweirds –
pummelt its weir-reft stamens –
bure on til its sodger's beild,
blaffin til its weird in craigs?

Whit whusperins in yer haikit leamins?
Did yer secret rebel sklent
gang fuit-lowss, thrang wi message?
Whit ane dauners furth, crumpin cranreuch syllables,
bleck eidioms, flags o gowd,
faddomless vyces an thrappelt yowts
in yer sclender arteirs o watter?

Whit ane gangs sneddin the floral eelids
that comes ti ponder us frae the mouls?
Whit ane's chuckin the deid castocks doun
that skails frae yer hauns in a spate
ti thrash intil a coal seam in geology
in thair thrashen-oot nicht?

Wha cuttit the linkin tree?
Wha's aye yirdin fareweels?

Luve, luve, dinna gang near the mairches,
dinna be browdent on this sunken heid:
lat time tak its ful meisure
in its chawmer o fruschit walsprings –
here, atween torrents an craigs,
tak you the souch o the bealachs,
the laminatit parallels o the wind,
the blinnd canal o the cordilleras,
the soor walcome o the dew,
an sclim, flouer bi flouer, throu densities,
strample the serpent cuissen doun.

In this airt o escarpments, stanes an wids,
stour o green starns, jungil-clear,
the strath o Mantur kythes lik a leivin loch
or a new storey o seilence.

Come til ma ain sel, til ma ain dawin
Up til the crounin laneheid.

The deid kinrik bydes on yit.

An atour the Sundial the daurk scadda
o the condor cruises lik a sail o black.

IX

Aigle atween starns, vine i the haar.
Forlatten dun, blinnd scimitar.
Belt o Orion, breid transubstantiate.
Stair o stair-rod rain, etin ee-lid.
Jib-sail o cleidin, stane pollen.
Lowe o granite, stane breid.
Serpent o meinerals, stane rose.
Boat-beirial, foont o stane.

Muin horse, licht o stane.
Equinox quadrant, vapour o stane.
Endmaist Euclidean, beuk o stane.
Iceberg wrocht in the storms.
Coral o time drouned.
Fingir-saftent mantle.
Feddir-battert ruif.
Mirror sclenters, foonds o thunners.
Thrones mankit bi speilin vine.
Law o the bluidie cleuk.
Blast steyed on the brae.
Blae frozen watterfaa.
Bells o the sleepin forefowk.
Habble o hauden-doun snaws.
Airn bunden on statuary.
Hersh wather sneckit ayont rax.
Pads o puma, bluidstane.
Touerin scadda, communin o snaw.
Nicht hystit wi fingirs an ruits.
Windae o the mists, hertless doo.
Fulyerie o nicht, avatar o thunner.
Rigbane o bens, swaws' ruif.
Biggins o aigles faur astray.
Luft raip, mairch-line o the bee.
Bluid ee-line, starn wrocht.
Beilin o meineral, quartz muin.
Snake o the Andes, pow o amaranth.
Seilent cupola, sained mitherland.
Sea wife, intimmers o cathedral.
Bou o saut, bleck-weingit gean.
Teeth snaw-crouned, cauld thunner.
Mankit muin, ill-feyin stane.
Birse o the cauld, rub o the win.
Volcano haun-heizit, daurklin breenge.
Siller swaw, flane o weird.

X

Stane aye upon ither, an whaur wis Man intil't?
Air intil air, an whaur wis Man intil't?
Time efter time, an whaur wis Man intil't?
Wis you the brukken bit yersel

o Man unfree, tuim gled
that throu the day's causey, bi the auld gates,
throu the leafs o deid hairsts
gangs fleitchin at the sowl for a yirdin?
Puir haun an fuit, an puir auld life itsel –
thae days o naukit licht in yersel,
onding kenspeckle faain on feires
at the fèis, gang tell us wis thay meat til ye,
petal bi daurk petal intil siccan a tuim gub?
                           Hungir, mankind's coral
hungir, herb in hiddlins, ruit o the hewers o wid,
hungir, did ye hull the boatie thay wis sailin
by thae hie an whit wanchancie touers?

I'm speirin at you, saut o the hie roads,
shaw's the trouel; lat me, biggins,
grinnd stane stamens wi a staff,
sclim ilka step o air til vacuum,
howk in the wame til I finnd man.
Macchu Picchu, did ye pit
stane upon stane, an the foond, fowks' duds?
Coal upon coal, on a bed o tears?
Fire on the gowd, an athin it trimmlin, the rid jaup o bluid?

Gie me back the thirlbun ye yirdit!
Shak frae the yirth the bannocks
o the puir, shaw me the bansman's
cleidin an his windae,
whit like he sleepit whyle he leived.
An gin he sleepit
snoiterin, gantin lik a bleck howe
howkit in the waa, that taivert.
The waa, the waa! Gin ilka coorse o stane
wechtit doun his sleep, an gin he fell ablo
as unner a haill muin, sleepin!

Auld America, drount bride,
your fingirs an aa,
flittin the jungil for the tuim heichts o the gods,
unner mairriage banners o licht an piety,
mellin wi thunner frae the drums an lances,
yours, your fingirs an aa,
thaim that the abstract rose an the rig o cauld, thaim

14

that the bluidstained corp o the new corn bure
til a wab o glaizie stuff, til the hardent howes,
did ye hain, did ye, beiriet America, in the muckle howe
o yer soor harigals, lik an aigle, hungir?

XI

Throu spulyie o splendour
nicht wrocht in stane, lat me douk ma haun
an gar gaun pulse in masel, lik bird jylt a thousan year
the auld forlatten hert.
Mynd me nane cantieness the day, braider nor the sea,
for that man is braider yit nor sea nor onie braid o islands
an we maun dern oorsels in him lik a wal ti draa oot
secret watters an subtle truiths.
Lat me na mynd, stane circle, the wechtie shapes,
the ower-airchin spreid, hinney-caim's riggin,
an aff the square lat ma haun sweel doun
the hypotenuse o hair sark an saut bluid.

Whan in the orderin o its flicht the heid-batterin condor dunts
ma pow, horseshae-haurd as duin weing-cases,
an his hurricane o sanguinary fedders steers the daurk stour
doun sclentin stairweys, I dinna see the raptor's onset
dinna see the blinnd heuk o his cleuks –
I see the auld bodie, the bondsman, the sleeper
in the paurks, I see a cheil, a thousan cheils, a man, a thousan wemen
droukit in the bleck onding, brunt bleck wi rain an nicht
livid an staned wi statues' wecht
Johnnie mac a'Chlachair, son o Wiracocho
Johnnie Cauldwame, aff the green starn,
Johnnie Barfuit, graunwean til the turquoise
come rise wi me an be born aa, ma brithers.

XII

Up wi me, brither, an be born.

Gie me yer haun oot the deep airts
Set wi yer sadness.
Nae mair foriver frae thir craigs.
Nae mair foriver frae time's yirdin.
Yer raucle vyce nae mair foriver.
The glent winna return til yer pykit-oot een.

Leuk at me frae the foonds o the yirth
plouer o paurks, wyver, quate hird:
groom o guairdian llamas:
mason hie on yer coggly scaffle:
you, sellin the watter the Andes grat:
gowdsmith wi warkın tingirs:
fashed fermer at the seedlins:
patter waured at the weare:
brim the tassie o this new life
wi yer auld yirdit sorras.
Shaw me yer bluid an the dreel ye drave;
tell me: here whaur the whup peyed ye
for at a gemstane didna skinkle or the yirth
wadna lowss swith its stent o corn or stane:
pynt oot ti me the boolder whaur ye stummelt,
the timmer thay crucified ye wi,
scart auld flint til tindle an pit lowe
til auncient leeries, shaw furth the whup-strauns
tangit intil yer wounds age efter age,
the aixes lustrous wi yer bluid.

I come ti gie tongue til yer deid vyces.

Atour the yirth forgaither aa
the seilent nithert lips
oot o the deeps speak yer stories this lang nicht
as tho we bade at anchor here, babbin thegither.

An lat me ken aathing, chainyie on chainyie,
link bi link an step bi step;
sherpen the gullies ye haed haen in hiddlins awa,
hilt them in ma breist, throu ma hauns,
lik an onding o solar radiance,
lik a spate o beeriet jaguars,
an lae me greetin: oors, days, years,
blinnd ages, centuries o starns.

An gie me the seilence, the watter, the howp.

Gie me the struissle, the airn, the volcanoes.

Lat me staun lodesman for the deid.

Speak for yersels throu ma vyce, ma bluid.